云冈石窟

Zhongguo Wenhua
Zhishi Duben

中国文化知识读本

云冈石窟

主编　金开诚

编著　姜莉丽

吉林出版集团有限责任公司

吉林文史出版社

图书在版编目（CIP）数据

云冈石窟 / 姜莉丽编著 .—长春：吉林出版集团
有限责任公司：吉林文史出版社，2009.12（2022.1 重印）
（中国文化知识读本）
ISBN 978-7-5463-1659-8

Ⅰ.①云… Ⅱ.①姜… Ⅲ.①云冈石窟–简介 Ⅳ.
①K879.22

中国版本图书馆 CIP 数据核字（2009）第 236916 号

云冈石窟

YUNGANG SHIKU

主编/ 金开诚 编著/姜莉丽

责任编辑/曹恒 于涉 责任校对/樊庆辉

装帧设计/曹恒 摄影/姜山 图片整理/董昕瑜

出版发行/吉林文史出版社 吉林出版集团有限责任公司

地址/长春市人民大街4646号 邮编/130021

电话/0431-85618717 传真/0431-85618727

印刷/三河市金兆印刷装订有限公司

版次/2009 年 12 月第 1 版 2022 年 1 月第 6 次印刷

开本/650mm×960mm 1/16

印张/8 字数/30千

书号/ ISBN 978-7-5463-1659-8

定价/34.80元

关于《中国文化知识读本》

　　文化是一种社会现象，是人类物质文明和精神文明有机融合的产物；同时又是一种历史现象，是社会的历史沉积。当今世界，随着经济全球化进程的加快，人们也越来越重视本民族的文化。我们只有加强对本民族文化的继承和创新，才能更好地弘扬民族精神，增强民族凝聚力。历史经验告诉我们，任何一个民族要想屹立于世界民族之林，必须具有自尊、自信、自强的民族意识。文化是维系一个民族生存和发展的强大动力。一个民族的存在依赖文化，文化的解体就是一个民族的消亡。

　　随着我国综合国力的日益强大，广大民众对重塑民族自尊心和自豪感的愿望日益迫切。作为民族大家庭中的一员，将源远流长、博大精深的中国文化继承并传播给广大群众，特别是青年一代，是我们出版人义不容辞的责任。

　　《中国文化知识读本》是由吉林出版集团有限责任公司和吉林文史出版社组织国内知名专家学者编写的一套旨在传播中华五千年优秀传统文化，提高全民文化修养的大型知识读本。该书在深入挖掘和整理中华优秀传统文化成果的同时，结合社会发展，注入了时代精神。书中优美生动的文字、简明通俗的语言、图文并茂的形式，把中国文化中的物态文化、制度文化、行为文化、精神文化等知识要点全面展示给读者。点点滴滴的文化知识仿佛颗颗繁星，组成了灿烂辉煌的中国文化的天穹。

　　希望本书能为弘扬中华五千年优秀传统文化、增强各民族团结、构建社会主义和谐社会尽一份绵薄之力，也坚信我们的中华民族一定能够早日实现伟大复兴！

目录

世界文化遗产

云冈石窟

一 中国最大的石窟群之一

云冈石窟距今已有 1500 多年的历史

（一）云冈石窟

云冈石窟始凿于北魏兴安二年（453年），大部分完成于北魏迁都洛阳之前（494年），造像工程一直延续到正光年间（520—525年），距今已有一千五百多年的历史，由当时的佛教高僧昙曜奉旨开凿，先后历时五十年，参加开凿的人数多达四万余人，当时狮子国（今斯里兰卡）的一些佛教徒也参与了这一举世闻名的浩大工程。

云冈石窟按照开凿的时间可分为早、中、晚三期，不同时期的石窟造像风格也各有特色。

早期的"昙曜五窟"气势磅礴，具有浑厚、淳朴的西域情调。佛像高大，面相丰圆，鼻高，眉眼细长，主像释迦牟尼蓄八字胡须，这是印度造像的特点。双肩齐挺、身体粗壮，所穿着的服装有两种：一种是袒右肩，一种是通肩衣。比较有特点的是袒右肩式的服装，里边穿内衣，外披袈裟。内衣一般画方格纹，袈裟边缘雕连珠纹和折带纹。菩萨像，一般是圆脸，短身，头戴宝冠（三珠新月冠），宝缯内收，裸上身，胸佩项圈、短璎珞、蛇形饰，下穿羊肠大裙，戴臂钏、手镯，这种菩萨装饰是当时印度

贵族的装饰。在雕刻技法方面，衣纹雕刻比较浅，在凸起的衣纹上刻阴线。雕刻比较细腻、匀称、轻薄、贴体。这些特点都显示出一种挺秀、劲健、浑厚、朴实的作风，既不同于凉州天梯山石窟，也不完全同于犍陀罗造像，形成一种新的造像风格。

云冈石窟、莫高窟、龙门石窟和麦积山石窟并称为中国四大石窟

中期石窟则以精雕细琢，装饰华丽著称于世，显示出复杂多变、富丽堂皇的北魏时期艺术风格。主要表现为：汉化趋势发展迅速，雕刻造型追求工整华丽，出现了许多新的题材和造像组合，侧重于护法形象和各种装饰，石窟艺术中国化在这一时期起步并完成。窟的形制多呈方形，分为前后室，有

的洞窟雕中心塔柱、隧道式礼拜道。窟顶多有平棋藻井。造像内容方面，大像的数量锐减，题材多样化，突出了释迦佛、弥勒佛的地位。佛像面相饱满、清秀。太和十三年前后出现了褒衣博带。菩萨头戴三珠新月冠、花蔓冠，项圈、臂钏、短璎珞，服装出现了上着帔帛，下穿羊肠大裙。供养人的服装变化也比较明显，由早期的鲜卑装束的夹领小袖式游牧民族服装，转变为宽大的南朝汉式服装。由此可见，北方石窟真正的中国化是从云冈中期开始的，这有多方面的表现，如方形洞窟形制、龛像布局上下重层、造像组合等。

中期石窟的汉化程度如此之高，和当

外来文化给云冈石窟雕刻提供了很多灵感

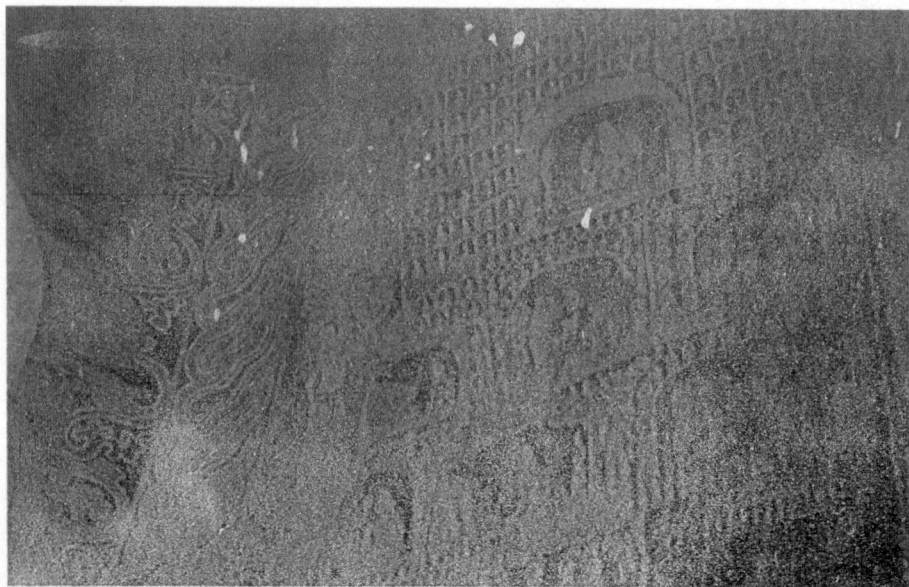

云冈石窟

如今云冈石窟已经成为国内外各界人士参观游览的重要场所

时的政策等原因分不开。第一，孝文帝推行了一系列汉化改革的政策。第二，在孝文帝定都平城后期，《维摩诘经》《法华经》《涅槃经》等大乘佛教思想的佛经在北魏境内非常流行。孝文帝和冯氏提倡的佛教也和早期凉州系统的禅行、禅修不完全一样，因为已经涉及到义理教义，从而给石窟造像增添了新的内容。所以在云冈，第十八窟出现了"大

石窟附近建有大大小小的寺庙

茹茹可敦"（"茹茹"即古柔然）的造像
龛和题记。孝文帝时期，平城内外佛寺非
常兴盛，见于文献的佛寺，著名的有思远
佛寺、报德寺、永宁寺等，所以云冈中期
出现的这种洞窟形制的改变，应该是依照
当时平城的寺院所建，而当时平城的寺院
是仿造汉族传统形式修建的，石窟形象的
改革反映佛寺形象的改变。这个时期题材
多样化，形象趋于清秀，造型趋于精巧，
表明汉化因素的增长和外来因素的削弱。

晚期窟室大多以单窟形式出现，不再成组。窟形繁杂，式样变化迅速，流行千佛洞、塔洞、三壁三龛式或四壁重龛式洞窟，窟门外出现雕饰。三壁三龛式窟的北壁主要题材多为释迦多宝；四壁重龛式窟北壁上为弥勒，下为释迦。规模虽小，但人物形象清瘦俊美，佛像和菩萨面形消瘦、长颈、肩窄且下削，比例适中，是中国北方石窟艺术的榜样。尽管这种雕像出现在龙门，但它的酝酿形成是在云冈晚期，因此，云冈石窟才是"瘦骨清像"的源起。交叉穿璧式菩萨最早也出现在云冈晚期。飞天的服饰基本同以前一样，但早、中期飞天露脚，晚期不露脚。此外，石窟中留下的乐舞和百戏雕刻，也是当时佛教思想

佛像虽小，但形象各异，十分生动

中国最大的石窟群之一

石窟分为三部分，像蜂窝一样分布在半山腰

流行的体现和北魏社会生活的反映。

云冈石窟按照地理位置可分为东、中、西三部分，石窟内的佛龛像蜂窝一样密布，大、中、小各种型号的石窟错落有致地镶嵌在山腰上。东部的石窟主要以造塔为主，因此得名塔洞；中部的石窟每个都分为前后两室，主佛居中，洞壁和洞顶布满了华丽的浮雕；西部石窟以中小型的石窟和补刻的小龛居多，大多是北魏迁都洛阳之后的作品。

（二）大同古城

大同地处晋、冀、蒙三省交界，

大同古城

介于内外长城之间，自古就是边塞之地。大
同，意取"世界大同"之义，因唐代大同军
驻扎而得名。大同，古称平城，曾用代都、
恒州、恒安、云内、定襄、云州、云中等
名。最初设立雁门郡平城县大致是在战国中
期（公元前3世纪初年），即赵武灵王胡服
骑射、征伐西北的过程中。汉高祖七年（公
元前200年），刘邦率大军北击匈奴，被困

大同府魁星楼

于平城县东之白登山（今马铺山），平城由此闻名于世。大同是汉民族与匈奴、鲜卑等少数民族交往的重要场所。1世纪末，匈奴统治集团内部分裂，原居住在黑龙江额尔古纳河大兴安岭地区的鲜卑族拓跋部自东北向西南迁移，势力日渐强大。386年，拓跋珪建国；398年，建立了北魏王朝的道武帝拓跋氏，将国都自内蒙古盛乐（今和林格乐境内）迁至平城（今大同），大同作为当时北魏王朝的政治、经济、文化中心，历时近百年。北魏以后，平城衰败，时而为北方游牧民族盘踞，时而由中原汉族军队驻守，直到唐代中后期开始稳定。五代时，后晋石敬瑭把幽云十六州献给契丹。辽金二代，大同复兴，立为"西京"陪都。元代，大同府是中国馈饷蒙古要道上的一大中转站。明清时代，大同系九边重镇之一，号称"京师北门"，实为京城西北的重要军事屏障。北魏王朝在大同的近百年统治中，先后有五位皇帝和一位南安王亲政，为了统治的需要，这些帝王大多信奉佛教，致使佛教传入东土以后，在北魏达到了兴盛。北魏皇帝崇尚佛教可以说是云冈石窟开凿的重要历史条件，而

云冈石窟开凿的直接原因却要从太武帝拓跋焘的灭佛谈起。

云冈石窟是石窟艺术"中国化"的开始

（三）太武帝灭佛

北魏在建国初期并不信奉佛教，据《魏书·释老志》记载："魏先建国于玄朔，风格淳一，无为以自守，与西域殊绝，莫能往来。故浮屠之教，未之得闻，或闻而未信也。""浮屠之教"就指佛教。在慢慢对佛教有了了解之后，也出于对巩固政

太武帝灭佛是佛教传入中国后遭到的首次大劫

权的需要，北魏统治者开始重视佛教。从道武帝起开始倡导佛教，历经太武帝灭佛事件，但佛教在北魏兴盛的趋势却没有改变。道武帝每遇沙门道士均行礼，并在都城修建寺院。太武帝拓跋焘继位后十分崇尚佛法，他是北魏皇帝中在位最久，武功最高的皇帝，在位长达二十八年，这期间他开疆域，平叛乱，功勋显赫。《魏书·世祖纪》史臣评曰："世祖聪明雄断，威灵杰立。藉二世之资，奋征伐之气遂成轩四出，

石窟内部雕刻精妙绝伦

周旋夷险。扫统万，平秦陇，翦辽海，荡河源。南夷荷担，北蠕削迹。廓定四表，混一戎华，其为功也大矣。遂使有魏之业，光迈百王，岂非神睿经论，事当命世。"原本太武帝也敬重沙门，后来，由于司徒崔浩和北方道教首领寇谦之的进谏及445年发生的吴盖起义和在长安寺院发现藏有兵器等原因，太武帝在446年下诏书在全国范围内大举灭佛。"诸有图像胡经，尽皆击破焚烧，沙门无少长，悉坑之"，《释老志》也记载了当时的情况，"金银宝像及诸经论，大得秘藏。而土木宫塔，声教所及，莫不毕毁矣。"这就是历史上著名的"三武一宗"灭佛法，这是佛教传

云冈石窟佛像

入中国后遭到的首次大劫。太武帝灭佛不久便染上重病，不久去世。

太武帝的孙子文成帝拓跋濬继位之后，为了政治统治的需要，下令在全国复兴佛法，清代朱彝尊《云冈石佛记》说："方诏遣立像，其徒唯恐再毁，谓木有时朽，土有时崩，金有时烁，至覆石以室，可永无泐。又虑像小可凿而去，径尺不已，至数尺；数尺不已，必穷其力至数十尺。累数百千，而佛乃久存不坏，使见者因像生感。"文成帝将在太武帝灭佛中幸免于难的昙曜高僧请回平城。据史书记载，一日，昙曜路过文成帝的车队，皇帝的马咬住了他的袈裟不放，由于有"马识善"的说法，文成帝即令昙曜在京城西武周山开凿了五窟，即今云冈第十六至二十窟，学者们称之为"昙曜五窟"。昙曜五窟的兴工，是武周山皇家大窟大像营造的开始，同时也标志着中国北方佛教具有了十分强烈的政治色彩，主要表现在早期开凿的五窟已经有了忠君礼佛的色彩。从460年开始，武周山聚集的工匠们凭借自己的智慧和精湛的技艺创造出了举世瞩目的传世巨作。北魏著名地理学家郦道元在《水经注》中记录了当年云冈石窟的壮景：

复杂精巧的石窟雕刻艺术

中国最大的石窟群之一

云冈石窟是中国最大的石窟群之一

"凿石开山，因岩结构，真容巨壮，世法所希。山堂水殿，烟寺相望，林渊锦镜，缀目所眺。"

（四）云冈石窟的价值

云冈石窟是中国最大的石窟群之一，是与举世公认的印度犍陀罗佛教艺术、阿富汗巴米扬佛教艺术齐名的东方艺术瑰宝。云冈石窟与甘肃敦煌莫高窟、河南洛阳龙门石窟并列为中国三大石窟，云冈石窟在中国三大石窟中以石雕造像气魄雄伟、内容丰富多彩和融会中外艺术于一体这三个特点而见长。石雕佛像最高者达十七米，最矮仅为两厘米，其中有栩栩如生的佛教人物形象，也有形式多样的仿木结构建筑，还有关于各种佛教故事的雕刻与种类繁多的花纹装饰，其雕刻技艺继承并发展了秦、汉时代的艺术风格，汲取并融会了印度佛教艺术的精华，具有独特的艺术风格，对后来的隋、唐佛教艺术的发展也产生了深刻的影响，真正起到了承上启下的作用。云冈石窟是石窟艺术"中国化"的开始，云冈中期石窟出现的中国宫殿建筑式样雕刻，以及在此基础上发展出的中国式佛像龛，在后世的石窟寺建造中得到广泛应用。云冈晚期石窟的窟室布局和装饰，更加突出地展现了浓郁的中国式建筑、装饰风格，反映出佛教艺术"中国化"的不断深入。

云冈石窟窟室布局和装饰展现了浓郁的中国风格

中国最大的石窟群之一

石窟雕刻艺术在雕刻史上具有重要地位

专家们评价云冈石窟道："云冈石窟是北魏帝国集聚国家力量、调用全国技艺高超的艺术家与工匠营造的足以体现时代风范的大型艺术杰作，它的艺术风格影响、波及到北中国各地的佛教石窟造像，在中国雕刻艺术史上占有十分重要的地位。云冈石窟佛教艺术继承了秦汉雕刻艺术的优秀传统，并吸取北方各少数民族和外来佛教艺术的有益成分，经过发展、融合、变革和创新，用旺盛的生命力和创造力铸造而成的'云冈模式'，是永不凋谢的艺术之花，谱写下宏伟壮丽的篇章。"云冈石窟形象地记录了印度和中亚佛教艺术向中国佛教艺术发展的历史轨迹，反映出佛教造像在中国逐渐世俗化、民族化的过程。多种佛教艺术造像风格在云冈石窟实现了前所未有的融会贯通，由此而形成的"云冈模式"成为中国佛教艺术发展的转折点。云冈石窟是中国古代人民智慧和高超技艺的结晶，在中国的艺术史上占有重要地位，敦煌莫高窟、龙门石窟中的北

精湛的石雕技艺叫人赞叹不已

中国最大的石窟群之一

魏时期造像均不同程度地受到云冈石窟的影响。

云冈石窟的重要价值也得到了世界的肯定，2001年12月14日，在联合国教科文组织世界遗产委员会第25次会议上，云冈石窟被作为世界文化遗产列入《世界遗产名录》，成为我国第二十八处世界遗产。世界遗产委

第五窟为清代木楼阁

云冈石窟

云冈石窟石雕造像达五万一千余尊

员会是这样评价的："位于山西省大同市的云冈石窟，有窟龛二百五十二个，造像五万一千余尊，代表了5世纪至6世纪时中国杰出的佛教石窟艺术。其中的昙曜五窟，布局设计严谨统一，是中国佛教艺术第一个巅峰时期的经典杰作。"

云冈石窟共有大小石窟五十三个，窟龛二百五十二个，佛雕五万一千多尊，最大者达十七米，最小者仅几厘米。石窟群生动形

中国最大的石窟群之一

云冈石窟被誉为中国古代雕刻艺术的宝库

象地向我们展示了佛教徒所幻想的极乐世界：有神态各异、栩栩如生的各种人物形象，如佛、菩萨、弟子和护法诸天等；有风格古朴，形制多样的仿木构建筑物；有主题突出，刀法娴熟的佛传浮雕；有构图繁复，优美精致的装饰纹样；还有我国古代乐器的雕刻，如箜篌、排箫、筚篥和琵琶等。气势宏伟，内容丰富多彩，堪称5世纪中国石刻艺术之冠，被誉为中国古代雕刻艺术的宝库。

云冈石窟

二　西域佛教造像艺术传入中国

云冈石窟展现了中国佛教艺术发展的历史轨迹

（一）佛教石窟造像的起源

佛教诞生于公元前 6 至 7 世纪的古印度，创始人乔达摩·悉达多（公元前 562—480 年）在公元前 525 年左右顿悟成佛，于是开始宣传佛教，他也被尊称为释迦牟尼。由于释迦牟尼在世时，极力反对个人崇拜，不允许塑造佛像，佛教徒又因为对

云冈石窟

释迦牟尼存在一种敬畏意识,害怕塑造释迦牟尼的法身是对佛的不敬,因此,在佛教的早期经典《阿含经》中就有了"佛形不可量,佛容不可测"的训告。当初开凿石窟只是用来容纳修行者。

那佛教徒怎么样来表达他们对于佛的崇敬呢?不能用佛祖的具象来表现,只能用与佛有关的事物来象征。比如用菩提树来象征释迦牟尼曾经在树下悟道成佛,用佛的脚印来表示佛祖的来到和存在。此外,一头白象从空中下来表示"投胎",一朵莲花表示佛的"诞生",一匹马表示"出家"

"云冈模式"成为中国佛教艺术发展的转折点

西域佛教造像艺术传入中国

可以想见，当年的雕刻充满艰辛

等等。这些分别寓意佛的"诞生""出家""成道"等说法的马、象、莲花、菩提树等形象，是一种重要的佛教石窟艺术的表现形式。专家们称这种现象为"别物假代"或"物化象征"。这种情况在释迦牟尼逝世六百年之后才得以改变。

真正意义上的佛教石窟造像出现在孔雀王朝时期。阿育王（约公元前272—231年）大力提倡佛教，当佛教成为印度的国教后，佛教徒们在"观禅"的指导下，石窟中前所未有的出现了佛教的一系列形象，这标志着佛教石窟造像的真正开始。1世纪时，佛教内部出现了以普度众生为最高理想的大乘佛教，它流行后，石窟造像开

始在印度各地流传，并向邻国传播。石窟因
为造像的出现更加具有了审美价值，这便形
成了独特的佛教石窟造像艺术。

（二）佛像石窟造像出现的原因

这门艺术的出现主要得益于三个契机：

第一，自公元前4世纪（公元前327年）
古希腊马其顿帝国国王亚历山大远征到达犍
陀罗，在入侵印度河流域的过程中，也将希
腊的"神人同性同形说"的观念和雕刻石像
的技艺带到了那里，这为佛教石窟雕刻做了
观念和技术上的积累。

第二，1世纪，佛教内部出现了大乘佛教，
大乘佛教神化佛陀、美化佛陀的思想非常盛
行。佛教拯救众生的教义，催生了释迦牟尼

早期修凿石窟是为了容纳僧人

西域佛教造像艺术传入中国

释迦牟尼坐像

佛的"分形画体",允许僧侣们广设供奉，礼拜佛陀，以此算作积功累德之举。

第三，佛教徒"观禅"的需要。"观禅"就是观佛像。"观禅"的方法是先从佛像的肉髻开始观察静识，然后沿中线下移至眉间、双眼、鼻子、嘴……一直到脚。然后再从脚向上观，直至头顶上的肉髻。如此反复，闭目凝神，一心想着见到的佛像，直到佛的形象已深深印入修行者的脑海之中，真正做到佛祖在我心。

从无像到有像，是佛教石窟艺术发展的一个重要阶段和重要特征，这是一个继承与创新的结果。任何艺术，都是在利用、继承和学习前人所创造艺术的基础上发展

不同的理念和石雕技巧使得佛像各有不同

而成的。佛教石窟造像艺术也是如此，先前是具有洞窟没有形象，后来发展到有了别的形象但没有释迦牟尼佛的形象，最后才有了释迦牟尼佛的说法、游行以及传记中的种种佛陀形象。

（三）佛像石窟造像的基本类型

"石窟"一词来源于古印度。东晋天竺僧人译的佛经中有"尔时世尊，

西域佛教造像艺术传入中国

威严慈悲的云冈石窟佛像

还摄神足，以石窟书。"由于佛教源于印度，与此相应，石窟（寺）同样传自印度，这是它最初的运行轨迹。一般来说，印度石窟共有七种不同的建筑类型，即中心塔柱式窟（支提式窟）、毗诃罗式窟（僧房式禅窟）、覆斗式殿堂窟、大佛窟、涅槃窟、背屏式窟（覆斗式中心佛坛窟）等。

我国的石窟最早在新疆，始建于3世纪。在中印文化交流的过程中，由于自身主体性的主导作用，中国的石窟一开始就未出现与印度的两种主要窟形——毗诃罗式和支提式完全相同的形式，而是与汉代的崖墓及中国传统木构建筑混合成为了一种特殊的佛寺，又称石窟寺。而后一步步地向中国宫殿建筑形式演化。

中国石窟的类型主要有塔庙窟、僧房窟、覆斗顶式窟、佛殿窟和大像窟等。

塔庙窟就是在佛殿窟内竖立中心塔，所以又称中心塔柱式窟（或称"支提式"）。塔内收藏佛舍利。塔庙窟大多是对中心塔柱式佛寺的模仿，平面纵长，分前后两部分，前部之顶为筒拱形，后部平面半圆，圆心处为石凿支提，信徒在此徊行。即：石窟中略后部位建一方形塔柱，塔柱四周开龛

佛像和莲花壁画

造像，龛顶前部做人字坡形，僧徒绕塔礼拜。这种窟形一般多出现于莫高窟、西千佛洞、十六国晚期和北魏、西魏、北周等早期的石窟建筑，隋唐时期仍有沿袭。从克孜尔到云冈石窟，中心塔是从模糊的塔形到对中国传统的木结构楼阁式建筑的模仿，体现出由西向东石窟形状的民族化过程。

僧房式禅窟即毗诃罗式窟，是供僧人修行和生活之用。在僧房窟中有一种是修禅的小窟，叫禅窟或罗汉窟。禅窟是最早的石窟形式，如巴拉巴尔石窟的洛马沙利西窟是一门单穴，高度仅为四米，是为单人修隐而造。在中国这种窟变得更小，窟平面长和宽都在一米左右，高度一米多，有些没有造像，也不进行壁面装饰。

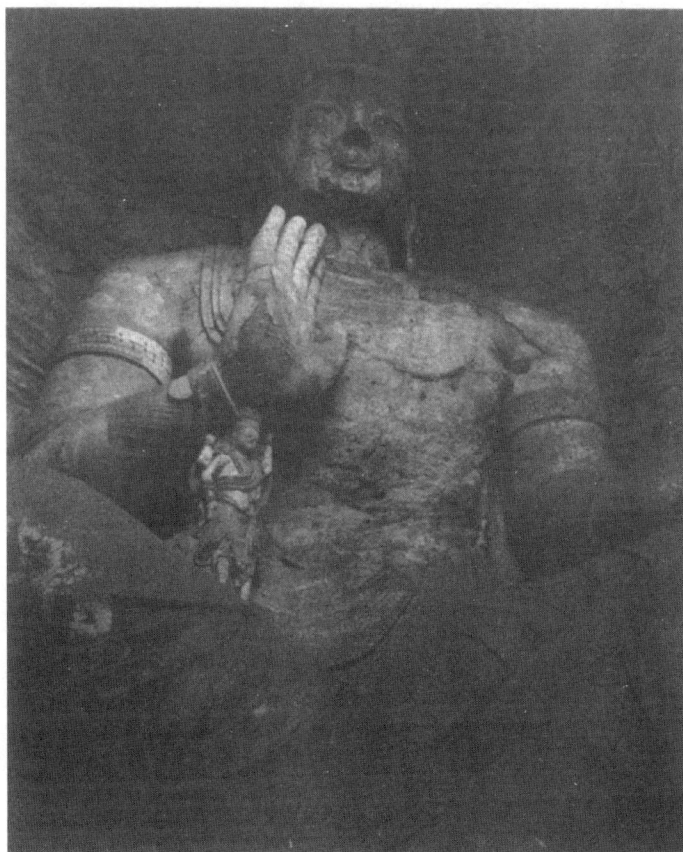

交脚弥勒佛像和他腿上的托臂力士像

覆斗顶式窟是对宅院式佛寺的模仿，窟顶做倒斗形状，覆斗顶是对用在尊贵场所的"斗帐"的模仿。窟室呈方形平面，西壁或南北两壁开龛造像，龛形随时代发展有所变化。佛龛是大殿或者左右配殿的表征。覆斗顶式窟是中国的独创，这是莫高窟最多的形制。

殿堂式窟也称佛殿窟，也是供僧徒拜佛的场所。它是最具中国特色的石窟寺形制，一般在窟中雕出佛的形象或在窟中壁上开龛，内设塑像，像前留有空地。在盛唐时期演变成佛坛窟。

此外，塑造大佛的大像窟和安置佛涅槃像的横矩形涅槃窟，也是僧徒的礼佛场所。云冈石窟的十六至二十窟就是大佛窟的形制。

（四）佛教石窟造像的东渐

阿育王时代，佛教盛行，教义远播中亚和西亚。阿育王以后，佛教造像逐渐兴起并系统化。1至6世纪，希腊化的犍陀罗雕刻艺术成熟定型，基本特征是追求风格化和程式化的写实效果，犍陀罗艺术进

大佛像雕刻线条优美顺畅

云冈石窟

入了鼎盛时期。大约在两汉之际，汉明帝永平年佛教进入中国。魏晋之际，犍陀罗式、笈多式的石窟佛教造像模式开始在中国流行。开凿在四、五世纪的石窟寺，至六、七世纪达到顶峰，窟龛造像数量不计其数。北方佛教重修持，故多石窟和依山雕琢；南方则重义理，故多雕塑成像。中国佛教石窟造像艺术实际上是一个佛像从"梵式"到"汉式"的中国化过程，审美特征也呈现由印度装饰性为主朝着中国写意性为主的转化趋势。

由于佛教的传播影响，石刻技术也得到了发展

佛教艺术是中世纪东方传播最广的宗教艺术。它的东渐大致有三条路线：一条是西北路，即沿丝绸之路而传入内地；一条是海路，即从锡兰（斯里兰卡）到青岛和广州的东南沿海地区；一条是西南路，即从尼泊尔到西藏，从缅甸到云南（即南方丝绸之路）的川滇地区。

这三条路线中主要的还是西北线。这条线在传播中由西向东，循序渐进，成为了石窟造像艺术东渐的主要路线，它上承古代印度，下连新疆甘肃等地，将印度的佛教造像艺术传入中国。在这

西域佛教造像艺术传入中国

这些精美的石雕是中国五千年文化底蕴的证明

条线上的新疆克孜尔千佛洞、敦煌莫高窟、甘肃炳灵寺、山西云冈石窟、河南龙门石窟和四川广元石窟造像艺术，就像一串美丽的佛珠点缀在中国的大地上。而另外两条路线则因为交通及其他缘故没有形成持续发展的势头，规模不大且时断时续。

中国是世界上石窟造像最发达的国家，时间之长、规模之大、数量之多、分布之广，举世罕见。这些石窟，主要分布在西北地区、中原地区、东南地区、西南地区，这与佛教传入中国的路线有关。云冈石窟就属于典型的中原地区的石窟造像。

云冈石窟

三　揭开云冈石窟的神秘面纱

根据武周山势的自然起伏，云冈石窟自然地分成东区、中区和西区三大部分。第一窟至四窟为东部，第五窟至十三窟为中部，第十四窟至五十三窟为西部。传统的参观路线是从中部的窟群开始然后是西部窟群，最后参观东部窟群。云冈五十三个洞窟中以昙曜五窟开凿最早，气魄最为宏伟。第五六窟和五华洞内容丰富多彩、富丽瑰奇，是云冈艺术的精华。

（一）中部窟群（第五窟至第十三窟）

云冈第五、六窟在云冈石窟群中部，为孝文帝迁都洛阳（前约465—前494年）开凿的一组毗连一体的双窟。有研究者们

第五窟大佛

云冈石窟

038

第五窟大佛

认为该窟是北魏孝文帝为其父皇献文帝祈冥福而开凿的。它是云冈石窟中期开凿的代表作，也是北魏王朝鼎盛时期的力作。窟前有一组朱红柱栏，琉璃瓦顶，巍峨高耸，气势非凡。颇为壮观的五间四层木楼阁，我们称其为窟檐，建于清代的顺治八年(1651年)，是由当时曾任宣大总兵的佟养量募集官资主持修建的。当这组窟檐建成之后，人们被它的美景折服，于是，将此处列为云中八美景之一，名曰"石窟摩云"。元朝诗人王度曾赋诗赞道："耸峰危阁与天齐，俯瞰尘寰处处低。亿万化身开绝嶂，三千法界作丹梯。"

第五窟属皇家投资开凿，所以洞窟空间规模、佛像造像都特别大，整体洞窟平面呈

揭开云冈石窟的神秘面纱

现存建筑为清初顺治八年所建石窟四壁
雕满佛龛、佛像

椭圆形，顶部为穹隆顶，分为前后室。后室中央的释迦牟尼坐像高达17米，是云冈数万石佛的第一高度，膝上可站一百余人，中指长2.3米，两膝之间距离为14.3米，堪称云冈石窟佛像的"鸿篇巨制"。呈结跏趺坐的大佛双腿长达15.5米，大佛身着褒衣博带，通肩袈裟，头顶为蓝色的螺髻，面部轮廓清晰，白毫点朱，细眉长目，鼻直口方，双耳垂肩，给人一种神圣庄严但又不失慈祥之感。可惜，由于后世为这尊巨佛像塑了金身，所以现在已见不到原始的北魏石雕的形态了。在大佛的后面有一条隧道，是供佛教信徒们礼拜绕行的诵经

大佛两侧立有小像若干，雕法细腻

道。大像的两侧有立胁侍像四躯，两大两小。因石雕原胎皆为肉髻，据所谓"戴花冠者为菩萨，昌状者为佛"的说法，人们以佛看待，故有"立侍佛"之称。东侧的大小胁侍像及西侧的小像，皆为泥包裹，不足观瞻。而西侧的大立侍像非常引人注目，这是北魏造像艺术达到高峰的一幅作品，那以洗练的刀法雕出的端庄和微笑，呈给世人一种超凡绝圣的境界，真是敷泥剥尽，

揭开云冈石窟的神秘面纱

第六窟是一个中心塔柱式洞窟

方露出本色真容，展示了原始的北魏石雕艺术的风采。窟室南壁8尊高约1米的佛教造像，肉髻高耸，眉眼细长，鼻梁挺直，嘴角微微上翘，整个身躯向前倾斜做俯视状，表情深沉含蓄，神态自然端庄。拱门东侧刻有二佛对坐在菩提树下的石雕，细腻传神，极富艺术魅力。

第六窟，规模宏伟，雕饰富丽，技法精炼，是云冈石窟中最有代表性的一个，被誉为云冈石窟的"第一伟窟"。这个洞窟是孝文帝为祖母冯太后所凿。这也是一个为鲜卑皇室各代母后祈福的洞窟，相传是由北魏著名的高僧道昭和尚主持设计和建造的。它的形制不同于第五窟，第六窟是一个中心塔柱式洞窟，窟形为平顶方形，平面呈回字状，中央是一个连接窟顶的两层方形塔柱，高约十五米。塔分上下两层，下层高约十米，上层高约五米，比例匀称，一层重龛楣装饰，像高不超过五米。上下两层雕饰华丽，内容丰富。东面雕交脚弥勒像，西面雕倚坐佛像，南面雕坐佛像，北面雕释迦多宝对坐像。在云冈石窟中，"二佛对坐"的雕刻内容非常多，其中，第六窟后室中心塔柱

二佛对坐像

揭开云冈石窟的神秘面纱

世界文化遗产

云冈石窟

壁画上的人物形态各异，栩栩如生

下层北侧之中的"二佛对坐"像，是规模最大的一处。"二佛对坐"是云冈中期造像中经常出现的一种形式格局，尤其在中期洞窟为最多。云冈在中期造像中，为什么会出现如此多的两佛对坐？这与当时太后临朝主政有关。这造形在洞窟中的大量出现，说明了当时的朝政已是"两重天"的格局。窟四壁满雕佛像、菩萨、罗汉、飞天、瑞鸟、神兽等造像。窟顶有三十三诸天及仆乘，令人目不暇接。环绕塔柱四面和东南西三壁的中下部，以块幅浮雕的形式连续排列着三十三幅描写释迦牟尼自诞生到成道的佛传故事浮雕，如"腋下诞生""父子问答""逾城出家""山中求道""成

具有立体感的佛窟造像

佛升天"等情节，内容连贯，构图精巧，也被称为"三十三天"。这一窟的雕刻技艺十分精湛，雕刻内容也非常丰富，佛像采用近似圆雕的高浮雕的雕刻法增加了佛像的立体感。此外，浅浮雕和高浮雕相结合的雕刻方法也体现了祖先们的智慧。第六窟代表了北魏传统石窟艺术的最高境界，尤其是佛像改变了过去的服饰，雕成了褒衣博带式的佛装，采用了当时南朝士大夫地主阶层的服饰，被称为"太和造像"。专家们将这种石窟样式称作"云冈模式"，这种模式，为洛阳龙门石窟的开凿创造了北朝佛像样式影响整个北方地区。当年清朝的康熙皇帝平定噶尔丹叛乱之后，回北京途经云冈石窟，看到第六窟雕刻的佛像如此精美，于是留下了"庄严法相"四个大字。由此可见，第六窟的确是名副其实的"第一伟窟"。

云冈中心塔柱窟的特点是：塔与壁皆独立于窟中央，上与顶相接，四面与窟室四壁平行间有甬道，可绕塔礼佛，在佛教内容上又显示着四方佛土平等的意蕴，表达佛教空间观念的意向很浓。云冈这种形制出现，有接受西域与河西诸石窟影响的

第六窟中心塔柱

云冈石窟

第六窟塔柱上雕满了佛像

一面，也有它自身的一面，这种成果又对以后中国各地中心塔柱式洞窟产生较深的影响。

中心塔柱上层四角各雕一座九层楼阁式塔柱，每层雕成屋形，四面开宝，内雕三坐佛。每层四角雕一小方柱，第一层四角雕覆盖钵式小塔，极富装饰性。塔柱雕于须弥山上，由巨象承驮。中心塔柱顶部雕为宝盖式，

揭开云冈石窟的神秘面纱

细节的雕刻尤为重要

四面设格，内雕鸟兽，下垂三角纹帐幕。中心塔柱四面佛龛内各雕一立佛，胁侍菩萨侍立于四角塔柱内侧。立佛面相丰圆，双耳垂肩，长眉秀目，慈蔼可亲。佛装宽大合体，右襟甩于左臂，下摆向外舒展，潇洒流畅。通身饰以舟形背卉光，四周雕火焰纹，内雕坐佛与飞天，精美华丽。佛身设计巧丽，雕琢精细，造型宏伟，气势辉煌。

第七、八窟是北魏孝文帝初任皇帝时开凿的石窟，由于洞窟的形制及窟内造像的布局基本相同，所以是一组双窟。形制为长方形平面，分前后两室。前室依靠崖面架设木构屋顶，前室外雕有塔柱，前室置碑，碑下具龟。在辽代，这里曾是著名的护国大寺。第七窟的主像是三世佛，但造像风化严重。窟平面为长方形，后室北壁佛龛分上下两层，上龛正中为弥勒佛，两侧是倚坐佛像，下层佛龛为释迦多宝对坐讲经论法图。前后室壁面分层分段大面积布置了本生故事浮雕，以及佛传故事的佛龛，其中释迦佛降伏火龙的雕刻较为精美。窟顶雕刻的平棋、藻井图案共分六格。所谓平棋，即将窟顶雕为棋盘式方格状，

云冈石窟前的石狮憨态可掬
如此精湛的工艺令人叹为观止

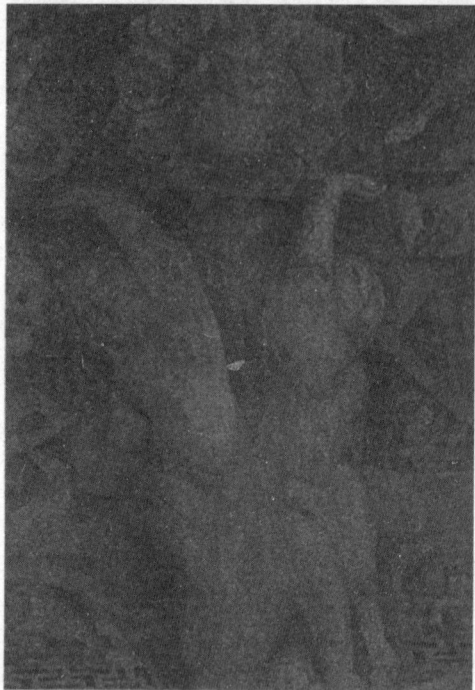

故称平棋。藻井则为覆斗形窟顶式，中为团莲，周雕飞天。传说飞天又名香音神，以能歌善舞著称，当佛讲经说法时，飞天在天空向凡界播撒花雨。它们身上飘着的衣带和富于变化的体态，给人以凌空飞舞的感觉，从而构成一幅幅美妙的藻井图案。南壁凿有一门一窗，左右两侧各雕四个佛龛。门窗间有六个供养人和伎乐天人像，她们分两组合掌相向而跪，头束高髻，佩带臂钏，帔帛绕臂向身后，她们虔诚、安详、自在、超逸、优雅而平和，从她们的眼神、面颊、嘴角乃至身姿上都散发出来一种美，建筑学家梁思成称其为"云冈六美人"，这是云冈石窟中最先出现的供养人形象。

第八窟与第七窟相连，两窟的主要造像、造像组合和纹饰风格基本相近。整个洞窟四壁的雕刻风化严重，只剩下后室顶部的飞天雕像和门拱东西两侧的雕像保留完好，它是云冈石雕中罕见的艺术品。石窟后室入口两侧立有两身护法神，按佛教命名他们分别是鸠摩罗天和摩醯首罗天。

西侧的鸠摩罗天五头六臂，长发披肩，手持日、月、飞鸟及法器，骑乘于孔雀背上。

第七窟窟前建有三层木构窟檐

揭开云冈石窟的神秘面纱

第八窟内五头六臂乘孔雀的鸠摩罗天造像

在佛教石窟艺术中，鸠摩罗天是作为佛的护法神出现的。据说他在海上漂浮，肚脐上长有一朵莲花，上坐大梵天。他的妻子是吉祥天女，坐骑是金翅鸟迦楼罗。他不仅有护法能力，并能创造和降魔。这位护法神，既是天上护持佛法的力士，又是主司人类生殖的人种神，他有着保障众生、镇国护民的作用。鸠摩罗天雕像给人智慧（三头）、力量（六臂）、安详（面善）、吉祥（手托吉祥鸟）的感觉。这尊造像被认为是东西方艺术最巧妙的组合，是云冈石窟中罕见的艺术珍品。

东侧为三头八臂的摩醯首罗天骑牛的造像，面做菩萨像、身着菩萨装；面容饱满、肃静慈祥。手持日、月及法器，手掌心向外托着累累硕硕的葡萄。这葡萄的图像意义，是用于象征如同葡萄一样多子的生殖愿望。在印度的民间宗教信仰中，摩醯首罗天是一位丰收神。在远古人类的观念中，丰收的含义里也有生殖的意义。所以摩醯首罗天也具有生殖神的意义，把他刻在第八窟的拱门东

三头八臂的摩醯首罗天骑牛造像

如此华美的佛窟雕刻保存至今实属不易

侧，首先就在于这种创造生命的意义所在，也反映了拓跋鲜卑族渴望生殖、企求繁衍的愿望。

中部的九至十三窟被称为"五华洞"。它在清代晚期(1891年)被施以彩绘，彩绘后的五个洞窟异常华丽，五彩斑斓，因此而得名。其中第九、十窟是一组双窟，十一、十二、十三窟是一个组合的整体形式，以第十二窟为中心窟。五华洞丰富多彩，雕饰绮丽，是研究北魏时期历史、艺术、音乐、舞蹈、书法和建筑的珍贵资料。

第九、十窟是一组双窟，开凿时代略晚于七、八窟，建于北魏孝文帝太和八年(公元484年)，太和十三年竣工，由王遇负责设计建造。王遇，字庆时，据《魏书·释老志》记载王遇官至爵候，富甲一方，北魏时期很多的建筑都是由他主持修建的，构思巧妙。《金碑》记载了他开窟造像的原因是为国祈福。两窟均分前后两室，前室所列的四根八角柱颇具汉魏以来建筑"金楹齐列，玉鸟承跋"的遗风，给人庄重之感，是最具殿堂特

第九和十窟外景

色的双窟。此外，前室侧壁屋形龛、后室窟门上方屋形檐等雕刻，都是仿汉民族木结构的建筑形式。

第九窟前室西壁雕刻着云冈石窟最小的佛像，龛楣上的佛像只有两厘米高。后室主佛是释迦像，面相方圆，着右袒式的服装。

这些简单的石雕反映出了当时人们生活的基本状态

西北壁下层雕凿附有榜题的分栏长卷式画面，是太子本生故事图，后室两侧雕护法像，显示出高超的石窟寺艺术魅力。

第十窟的主像是弥勒佛，前室有飞天造像，舞姿优美，比例协调。门楣雕饰十分精致，如八角鹿、野猪、金钱豹、猿、雕鹫、柳树、虎、狼、熊、牡麋、雌狮、兔等等，其中以青龙、白虎、朱雀、玄武做装饰的图案为最多，特别是在第二期的洞窟内，这四者被汉人视为天上的四个神灵，称为"四灵"或"四神"。据说他们分布在天上东、西、南、北四方，起安定四方、象征吉祥的作用。莲花图案和缠枝

第十窟石雕群佛构图复杂，十分精妙

植物花纹图案在云冈石窟的装饰艺术上也占据着十分重要的地位，莲花在佛教中代表"净土"，所以佛座也称莲花座，在佛教艺术中，莲花就成了主要的装饰图案，这也是北魏后期装饰的一大特点。

这两个窟中关于须弥山的雕刻很多，这在云冈石窟群中是少见的。那何谓须弥山呢？须弥山是一个地理模式，它既是佛教三千大千世界每一世界的中心，又是印度神话和佛教中众神的住所，就像希腊神话中的奥林匹斯山。须弥山原本是印度神话中的神山，后来被用来指称佛教宇宙观念中的"世界"。佛教认为在一个三千大千世界之外，

雕刻的手法多样，向人们展示着一个个惊喜

还有无数个三千大千世界，永无止境。就其每一个小世界而言，它的中心便是须弥山。须弥山下尚有数层奠基，最底层为风轮，其上为水轮，再其上为金轮。金轮之上还有九山八海，山海之间便是须弥山。须弥山顶上为帝释天所居，四面山腰为四天王所居，其周围有七香海、七金山。

十一、十二、十三窟是一组以十二窟为中心具有前后两窟的组合窟。十一窟为塔庙窟，中立有方塔柱，塔柱四面开龛造像，除南面上龛为弥勒佛外，其他均为释迦立像。塔柱下层皆为立佛雕像。第十一窟是云冈题记最多的一窟，东壁南端雕刻的北魏太和七年（483年）的造像题记——《五十四人造像题记》是云冈石窟早期造像题记的代表，是云冈石窟现存时间最早的题记，它记载了平城内五十四名信士女在云冈十一窟东壁雕凿九十五尊佛像的缘由，描述了文成帝复兴佛法之后出现的空前盛世，其中也不乏对当权者的赞美之词。题记共计341字，字径2—3厘米，基本为楷书，书法质朴高古，墨憨笔凝，温文敦厚，具有极高的书法艺术价值，充分显示了北魏太和年间古健丰腴的书风。这块题记是中国石窟中现存最早的魏碑题记，它不但确定了开凿云冈石窟的分期，还

每个窟洞的题材各不相同

揭开云冈石窟的神秘面纱

第十二窟佛殿窟

为研究北魏平城时期的书法提供了实物资料。另外，它直接影响了后来龙门石窟的诸多题记，这种影响一直延续到河西诸石窟的题记。

第十二窟是云冈中期开凿的石窟。窟前是四根露明温顶的大石柱，柱上刻满千佛坐像。属于前殿后堂式的格局。这种格局与前期的马蹄形平面和弯窿顶的简朴风格有了很大的不同，开始向宫廷殿堂式过渡，这也是云冈中期开凿石窟的一个显著变化。十二窟为佛殿窟，主像上龛是弥勒佛，下龛为释迦多宝。前室正面凿成三间仿木构建筑的窟檐，东西壁也雕出三间仿木构建筑的佛龛。后室的雕像分上下两层，布局庄严肃穆而又隆重。上层表现释迦牟尼出世以前的生活，在兜率天宫作为护明菩萨修道以备出世；下层则雕刻了释迦牟尼降生人世后，修成正觉而成佛的一段经历。在窟的北壁上刻有佛陀含笑、莲花盛开、飞天起舞、伎乐弹奏等浮雕造像，色彩缤纷、琳琅满目。十二窟是云冈石窟中最著名的音乐窟——佛籁洞，在这个洞窟中完全可以感受到一种"庄生天籁"般的美妙境界。窟顶雕有舞蹈伎群和乐伎群，

第十二窟正壁上端刻有伎乐天人，手持乐器，形象生动

手持排箫、琵邑、齐鼓、细腰鼓、法螺鼓、横笛、义嘴笛等乐器，神情迥异，形象生动，这些乐器是研究我国古代音乐史的重要资料。据统计第十二窟里各种大小乐器就有十七个种类、四十七件之多。这些乐器，应该是当时乐器的总和，它们有的来自番汉，有的来自西域，云冈石窟中这些乐器的出现也是当时民族大融合的一种表现。十二窟以音乐舞蹈为题材，雕像华美、气势磅礴、境界宏大，将佛教世界与现实世界通过浪漫的手法很好地结合在一起，这不仅在云冈石窟中绝无仅有，而且在全国石窟范围内也是十分罕见的。此外，十二窟也鲜明地表现出了

揭开云冈石窟的神秘面纱

北方民族的特色，飞天服饰明确显示出了鲜卑人的特点。窟中的乐舞雕刻较多地采纳了西凉、龟兹、天竺等国的乐器，是研究北魏文化的重要历史根据。据《后汉书》记载："东汉灵帝喜好胡服、胡帐、胡床、胡坐、胡饭、胡箜篌、胡笛、胡舞，京都贵戚皆竞为之。"可见西域乐舞在东汉时已经传入我国。

第十三窟的平面呈马蹄形，为佛殿窟。主像为交脚弥勒，高达十三米，佛像头戴宝冠，佩臂钏，左手抚膝，右手上举，右臂下雕有一托臂力士，"托臂力士"以它的四只臂膀托举着主像仰掌的右臂，在力学上它所处的支撑点正是大佛右臂的悬空

坐佛的后面绘有精美的壁画

云冈石窟

第十三窟东壁造像

处，既起到对大佛右臂强有力的支撑作用，又具有力学的美感与张力，构思精妙，巧夺天工，这是云冈石窟中唯一的一例。第十三窟东壁的龛楣装饰是云冈石窟中最丰富的，有尖拱龛、圆拱龛、山岳形龛、华盖龛、屋形龛、帐幕龛等等。窟内南壁中层的四阿式重屋的华盖下的七佛立像，均高两米，身着褒衣博带佛装，佛像通身被装饰以华丽的舟形背光与头光。东壁下层的半跪供养天人像，都被认为是云冈石窟的上乘之作。

（二）西部窟群（第十四窟至第五十三窟）

中部窟群和西部窟群之间有一道自然断带，十四窟到五十三窟属于西部窟群。

不少石雕由于环境影响受到了损坏

十四窟已经倒塌，造像也已经风化，仅存一部分佛龛和佛像。第十五窟不同于一般的洞窟，该洞窟不仅规模小而且无大的造像。据1958年统计，此窟大小造像八千九百尊，因此被称为"万佛洞"，亦有"千佛洞"之称。这是云冈石窟最为典型的千佛像窟，千佛的开凿流行于北魏，源于"三劫三世千佛"的佛教术语。大乘佛教认为，宇宙是无限的，但是三千大千世界的发展是具有周期性的。每一个周期都要经历成、住、坏、空四个阶段，时间大约是一百二十八亿年，佛家称之为"大劫"。佛教"三劫"是指过去劫、现在劫和未来劫，每一劫又分过去、现在、未来"三

风化较严重的佛像

世"，统称"三劫三世"。每一劫世中都有千人成佛教化众生，过去的庄严劫如此，现在的贤劫如此，未来的星宿劫亦是如此，这就是"三劫三世千佛"。还有一个佛教术语是"三劫三世十方诸佛"，每一世有一个空间，以须弥山为中心，划分东、南、西、北、东南、西南、东北、西北、上、下十个方位，统称十方，每方内又有过去、现在、未来三

揭开云冈石窟的神秘面纱

第十六窟西壁雕像

世佛教化众生。十方诸佛是无数无量的意思，"千佛""万佛"是虚指，表示数量很多。千佛造像是佛教石窟艺术中常用的一种表现形式，通常表现为洞窟的整个壁面、窟顶、门窗、塔柱都雕刻数量众多的、纵横排列的小佛像。"万佛洞"内佛造像排列整齐，雕凿大同小异，可以说是千佛一面。"万佛洞"的西壁佛龛下层刻有水藻、摩尼宝珠、鱼鸟浮雕等，都运用了单层雕刻加阴线描的技法，栩栩如生，这也是云冈石窟中唯一反映水生动植物形象和生活的石窟。

云冈石窟中十六、十七、十八、十九、二十共计五个洞窟位于石窟群西部的显著位置，规模宏大，气势磅礴，是由昙曜和尚主持开凿的第一期窟洞，也是云冈石窟最引人注目的部分之一，也就是"昙曜五窟"。昙曜，少年出家，原是凉州（甘肃省武威市）的高僧，到达平城后受到太子拓跋晃的礼遇，开始管理众僧。太武帝灭佛时，他逃离了平城。文成帝兴佛后，昙曜成为管理全国僧尼事务的"沙门统"。昙曜是一位学识渊博，精通佛典，严守戒律，操行端正的高僧，以禅业见称。《续高僧传·昙曜传》说他"摄行坚贞，风鉴闲约"，《魏书释老志》云："沙门昙曜有操尚，又为恭宗所知礼。佛法之灭，……昙曜欲守死，……密特法服器物，不暂离身。闻者叹重之。"在文成帝的赞同下，昙曜选择了武周山南麓这块幽静之处进行开窟修禅。460年开始，昙曜组织了开凿石窟的工程，北魏都城会聚了来自各地的高僧佛徒、工匠艺人不下十万人。

据《魏书·释老志》载："和平初，……昙曜白帝，于京城西武州塞，凿山石壁，开窟五所，镌建佛各一，高者七十尺，次六十尺，雕饰奇伟，冠于一世。"文中的五窟被

佛像无处不在

揭开云冈石窟的神秘面纱

学者称为"昙曜五窟"，五窟的内容带有强烈的国家集权色彩，表现出佛教对王权的依赖性，佛教徒们忠君礼佛、拜佛如同礼皇帝。五窟的主佛像象征北魏的皇帝，依次为道武帝、明元帝、太武帝、景穆帝（未继位）、文成帝。他们面相半圆，深目高鼻，眉眼细长，蓄八字须，两肩齐挺，肩宽体壮，右袒或通肩服装，具有浓厚的西方风格。这五窟规模宏大，气魄雄伟，形制上也具有相同的特点：外壁满雕千佛，大体上都模拟椭圆形的草庐形式，穹隆顶，马蹄形

整个窟洞布满佛像和团莲雕刻

云冈石窟

云冈石窟第十六窟佛龛造像

平面，每窟一门一窗，窗在上，门在下，无后室。造像主要是三世佛（过去佛、未来佛、现在佛），主佛居中而设，形体高大（都在十三米以上），或坐或立，姿态各异，神情有别。根据主像和石窟布局，这五个窟可以分为两组：第十六至十七窟为一组，第十八至二十窟为一组。这五组洞窟虽统一设计和施工，但是完成时间不一样，前两窟略晚，后三窟较早，尤其是窟内的许多壁面、门洞、明窗的雕刻，大概是献文帝、孝文帝时代完成的。

第十六窟是昙曜五窟最东端的一窟。窟平面为椭圆形，顶为穹窿形，窟内主像释迦立像高13．5米，面相清秀，发式为肉髻和波状发纹,身着厚重的毛毡披,胸着佩结带,大裙齐胸,右手上举胸前,左手下垂,拇指与中指相捏,呈说法手印,立于莲花座上。服饰与今天朝鲜族的女装很相近。显示出道武帝征服鲜卑诸部,建立北魏王朝的英雄气概。

第十七窟,窟形平面属椭圆形。窟内以未来佛弥勒佛为主像,高达15.6米,这尊主像头上戴花冠,胸前配兽饰,臂着珠钏,腿作箕踞。右手仰掌,左手屈胸,人们称之为"交脚弥勒菩萨"。魁奇伟岸,有唯我独尊的气势。东、西两壁各雕龛,东为坐像,西为立像,风格与主像不同。

云冈石窟第十七窟弥勒佛主像

云冈石窟

云冈石窟第十八窟佛立像

三座造像也有人称之为"三世佛"，主尊定为未来世之弥勒。明窗东侧的北魏太和十三年（489年）佛龛，为研究洞窟开凿的时间提供了可靠的依据。由于窟小像大，给人一种咄咄逼人之势，表现出明元帝拓跋嗣盛气凌人的样式。

第十八窟三世佛立像，正中身披千佛袈裟的释迦立像，高15.5米，安详沉静地站立在二佛之中。东西两侧对称分布着十弟子、一菩萨、一立佛。十位弟子分别是"智慧第

揭开云冈石窟的神秘面纱

一"的舍利弗、"神通第一"的目键连、"头陀第一"的摩诃迦叶、"多闻第一"的阿难、"天眼第一"的阿那律、"解空第一"的须菩提、"说法第一"的富楼那、"议论第一"的迦旃延、"持律第一"的优婆离、"密行第一"的罗睺罗。这些弟子群像头部均为圆雕，身躯为高浮雕，倾斜三十度左右，这种设计在佛教石窟艺术中是极为罕见的。立佛脚踏莲花，头罩华盖，神清气朗，端庄慈祥；菩萨头戴宝冠，面如满月，服饰

第十八窟佛像面如满月，端庄慈祥

第十八窟主像旁的弟子相貌各异，神态生动

华美，面容慈祥；十位弟子相貌各异，均为西方人种特征，神态生动，技法娴熟，堪称杰作。释迦立像暗示了曾经灭过佛的太武帝拓跋焘，从面部表情露出一种忏悔的神态。正壁东上方的罗汉浮雕造像，以个性突出、形象生动，被誉为云冈早期造像的佳作。在石窟艺术方面，主像身着轻薄贴体、衣纹紧密的服装，反映了印度恒河流域一带笈多造像的某些特征。第十八窟是昙曜五窟中造像组合最为合理、

揭开云冈石窟的神秘面纱

第十九窟释迦坐佛

完备的洞窟。在窟门西侧有一处完全是用魏体楷书雕刻的题记——《茹茹可敦题记》。这是一件残题，此刻用笔娴熟老道，行笔势如力耕，与百年之后的唐楷没有大的区别。日本学者关野贞、常盘大定在《山西云冈》中评价："此石窟，不仅规模宏壮，其内部的佛像也带着雄大刚健的气象，是全云冈石窟中的最雄伟者。"

第十九窟本尊为释迦坐像，高16.8米，是昙曜五窟中最大的佛像，也是云冈第二大造像。三世佛主像释迦呈结跏趺型态，面容慈祥，端庄严肃，气势凝重，是景穆帝拓跋晃的象征。拓跋晃是佛教的崇拜者，可惜未登王位便去世了。窟内满雕千佛，西侧的罗睺罗实子因缘像，颇具西方造像风格。窟外东西凿出两个耳洞，各雕一身高八米的坐像，别具匠心。普遍认为此窟是"三世佛"的布置，主窟大像为现在世的释迦牟尼佛，两耳洞的两佛则一为过去佛，一为未来世的弥勒佛。

第二十窟就是被称为云冈石窟雕刻艺术代表作的露天大佛。窟前带大约在辽代以前已崩塌，造像完全露天。那么，第二十窟的坍塌现象是如何发生的？有人认为该窟开凿之初就是露天的；也有人认为由于该窟佛像胸部下层紫红色泥质灰岩，质地松软脆弱，稳定性能差，因此极易造成洞窟坍塌；还有人认为当初该窟南壁的窟门和明窗设计太大，南壁厚度预留得不够，巨大的压力致使松软的紫红色砂岩层首先崩塌，从而引起严重的坍塌。关于它的种种猜测，使这一浩大的工程充满了神秘感，其中沉淀着的许多历史信息还有待后人去探寻。

第二十窟的立像是三大佛，正中的释

第二十窟释迦坐佛

揭开云冈石窟的神秘面纱

迦坐像高达13.7米，为云冈石窟的代表作。这个造像面部丰满，深目高鼻，眼大唇薄，双肩宽厚平直，法相庄严，气宇轩昂，将拓跋鲜卑的剽悍与强大、粗犷与豪放、宽宏与睿智的民族精神表现得淋漓尽致。这尊佛像具有希腊艺术和犍陀罗佛像的痕迹，他身披右袒袈裟，呈结跏趺坐状，手势为大日如来"定印"状。定印，又称禅定印，是表示禅思，使内心安定的意思。据说释迦佛在菩提树下禅思入定，修习成道时，

第二十窟佛像面部丰满，两肩宽厚

云冈石窟

第二十窟大佛

就是采用这种姿势。露天大佛是文成帝的象征，他恢复佛法，开凿云冈石窟，大佛的嘴角微笑神态，表现出佛教徒对他的敬意。大佛的衣纹成阶梯状排列，线条简洁，显示出一种粗重厚实的质感，反映了键陀罗造像和中亚牧区服装的特点。窟中有一处重要的题

昙曜五窟

记——《比丘尼昙媚题记》，它是云冈石窟晚期题记的代表，是难得的一块完整的造型题记。石刻为云冈细沙岩，高三十厘米，宽二十八厘米，共一百一十字，书法极佳。

昙曜五佛是云冈石窟的典型代表，明显受到了西域造像艺术东传的影响。大佛身着的袈裟，或披或袒，衣纹厚重，似乎表明是毛纺织品，这无疑是中亚葱岭山间牧区国家的服装特征。大佛高肉髻，方额丰腴，高鼻深目，眉眼细长，嘴角上翘，大耳垂肩，身躯挺拔、健硕，神情威严、睿智而又和蔼可亲，与北魏晚期佛像的清瘦、谦恭，东魏北齐佛像的缺乏神骏、刚毅，唐朝佛像的夸张、柔弱截然不同。诚如唐代道宣大师所云："造像梵相，宋、齐间皆唇厚、鼻隆、目长、颐丰，挺然丈夫之相。"

昙曜五窟的开凿揭开了云冈石窟大规模雕凿的序幕，同时也标志着中国北方佛教中心已从凉州转移到了大同。昙曜五窟在艺术效果上突出了造像雄浑伟大、盖世无双的气势。

云冈石窟西部的第二十一窟至第四十五窟以及一些未编号的小窟小龛，大多是北魏迁都洛阳之后的建筑工程，孝文

帝迁都后的平城，仍然逗留了一大批中下层贵族和佛教僧侣。洞窟开凿的时间从494年开始，至524年结束，其特点是窟龛种类复杂，不成组的窟多，中小窟多，作为补刻的小龛多，规模不大，多数属于小集体或个人开凿的洞窟，主要分布在云冈石窟第二十窟以西斜坡上和中部区第十一窟至第十三窟上部的崖面上以及东部区西端龙王庙沟西侧的上部地带。以第三十三、三十五、三十八、三十九为代表，流行三壁三龛式的洞窟。造像多为瘦骨清相，佛像一律褒衣博带，衣纹下部褶纹重叠，神态文雅秀丽，身姿挺秀，神态飘逸，注重形式美。藻井中飞天飘逸洒脱，具有浓厚的汉化风格，与"龙门期"雕刻十分接近。

第三十八窟是北魏晚期雕刻精美、题材丰富的代表性小窟。窟门外部两侧各雕力士，威武雄壮，窟外壁雕有《吴氏忠伟为亡息冠军将军吴天恩造像并

目前发现 22 个洞窟中有手持乐器的佛像

云冈石窟

084

石窟佛像面容丰满，神态飘逸

窟》的题记，这是一件可与《五十四人题记》相提并论的作品。吴天恩官至三品，是云冈石窟所存像主中官职最高的。题记凡三百余言，其中一百五十余字可以识别。其书宽博肃穆，水准高于《五十四人题记》。但由于长期置于室外，字面风化严重。这则题记把云冈石窟西部窟群雕刻的时间提早了数年，也为研究云冈石窟及佛像的分期提供了新的依据。窟顶刻方格平棋藻井，正圆拱华绳龛内雕释迦、多宝并坐像，西壁的倚坐佛像雕

揭开云冈石窟的神秘面纱

在盘形帐幕龛内。一组男女供养人行列雕像，排列在东壁及北壁佛龛下部；供养人群中间雕树上伎乐人奏乐的音乐树，还有爬杆倒舞的"幢倒伎神"浮雕，是研究北魏杂伎的形象资料。窟顶的方格平棋，以大圆莲为中心，周绕化生童子、诸天仆乘，四周雕刻奏乐飞舞的乐神乾闼婆、歌舞神紧那罗。第三十八窟在一个不大的空间内，雕刻出丰富多变的造像内容，他

石雕技艺不断完善，石雕的形象也越来越生动

云冈石窟

第三十九窟五层塔柱

们杂而不乱，形象鲜明，充分显示出北魏晚期的石窟艺术风格。

第三十九窟中心五层塔柱，塔身每面做五间、六柱，柱头上斗拱承托出檐，天平座，每层间阔高度皆小于下层，稳重隽秀，是研究早期造塔的重要资料。第四十窟整体布局巧妙地运用装饰艺术，使洞窟格式、构图既有规律，又有变化，提高了石窟艺术的格调。

第一窟两层方形塔柱

（三）东部窟群（第一窟至第四窟）

第一窟、第二窟位于云冈石窟最东端，两窟为双窟，是云冈石窟中唯一的一组塔庙式双窟。窟的结构基本相同，都是方形平面，中央为中心塔柱，四面开龛造像。窟形前窄后宽，前高后低。两窟开凿于同一时期，是孝文帝迁都洛阳之前的作品。曾被列入云冈八景之一的"石鼓寒泉"即在这两窟。石鼓指的是第一窟，叩地就会听到嘭嘭的鼓声，这种鼓声至今仍隐约可闻。寒泉即第二窟外岩脚下的细泉，至今尚有泉水涌流。

第一窟中央雕出两层方形塔柱，后壁立像为弥勒佛，四壁佛像大多风化剥蚀，南壁窟门两侧雕达摩、文殊菩萨问答像，东壁后下部的佛本生故事浮雕保存较完整。

第二窟中央为一方形三层塔柱，主像是释迦佛。每层四面刻出三间楼阁式佛龛，窟内壁面还雕出五层小塔，是研究北魏建筑的形象资料。

第三窟为云冈石窟中规模最大的洞窟。前面崖面高约二十五米，面宽为五十米，传为昙曜译经楼。窟形奇特，它的平

第三窟后室一佛二菩萨像

揭开云冈石窟的神秘面纱

第三窟是云冈最大的一座石窟

面呈凹字形，底部是两个窟门，通入内洞，似为窟门；东小洞独自成门，与内洞相通。两小洞的顶部形成一个大的平台，平台上东西两侧有方塔遗迹，约三层，风化非常严重。中间有一像龛，龛之两侧开两个明窗为窟照明。明窗之上最高处有一排十二个大形长方架梁孔洞。梁孔之上是山顶，顶上曾有"石室数间"。第三窟这样的石窟在云冈石窟中是一个奇物，在全国的石窟中也属罕见。石窟分前后室，前室上部左右各雕一塔，中间凿出一个弥勒窟室，左右为一对三层方塔。后室南面西侧雕刻有面貌圆润、肌肉健壮、花冠精美、衣纹华美的三尊造像，本尊坐佛高约十米，两菩萨立像各高6.2米。这三身造像刻在凸出的壁面的西侧，只占去壁面的三分之一，除此之外洞窟四壁没有其他造像。从这三像的风格和雕刻手法看，可能是初唐（公元7世纪）时雕刻的。

第三窟对于研究云冈石窟的开凿也具有重要价值。有学者根据对第三窟遗址的考古，发现了北魏文化层，这对解释北魏洞窟的开凿程序和方法提供了帮

第三窟主佛左手边的菩萨像

助。研究者根据 1993 年第三窟北魏遗址发掘中一些新发现的未完工遗迹现象认为，北魏时代的每一个大型石窟的开凿都应根据洞窟形制的设计要求进行，先凿出石窟的基本窟形，然后才进行壁面的雕刻造像。通过对第三窟遗址的研究推论，一般大型石窟的开凿大致可以划分为三个阶段，即第一阶段主要是凿出洞窟外部接近窟顶的崖壁；第二阶段主要是凿出洞窟外部明窗位置的崖壁，并

揭开云冈石窟的神秘面纱

第四窟佛像

通过明窗开凿洞窟内的上层空间；第三阶段主要是凿出洞窟外部门拱位置的前庭崖壁，由此开凿洞窟内的下层空间，石窟工程的计划性和目的性十分明确。这种论断对于北魏平城地区石窟乃至北魏其他地区石窟的开凿均有着十分重要的参考价值。

第四窟平面呈矩形，中央雕一长方形立柱，南北两面各雕六尊佛像，东西各雕三尊佛像。东壁的交脚弥勒像保存完整。南壁窟门上方有北魏正光纪年（520—525年）铭记，这是云冈石窟现存最晚的铭记。

四　云冈石窟的飞天艺术

石窟内的飞天形象

（一）飞天的来历

在闻名遐迩的云冈画廊里，在五万尊精美的雕像中，有一种格外引人注目的艺术形象——飞天。它是佛教造像中最为生动和令人喜爱的一种形象。飞天在西方早已存在，它的形象类似长着羽毛翅膀的天使。在中国古代也有关于飞仙的传说，但是云冈石窟中出现的飞天形象却是深受印度影响。飞天本是佛教中一种想象的飞神，传说飞天能歌善舞，每当佛在讲法时，它们便翩翩起舞，奏乐散花，散发出香气，所以又被称为"香音神"。它们往往同时出现，形影不离，常常以多姿的飞行形象同时出现在一个画面里，被形象的称为"飞天"。 她们在佛国的天空中自由飞翔，娱乐于佛，所以在佛境中到处有她们的身影，正可谓"梵宇开金地，香龛凿铁围。影中群像动，空里众灵飞"。

（二）影响飞天造型的因素

公元 4 世纪末，拓跋鲜卑控制了黄河以北的大部分地区，建立了北魏，迁都至平城，于是大同就成为当时北魏的政治、经济和文化中心。云冈石窟于公元 453 年开始大规模开凿，到孝文帝迁都洛阳之后才停止大规模的营造。一方面受到印度佛教思想东渐的影响，另一方面又有传统汉文化根基，所以飞天在造像风格上有明显的中西合璧的特点，云冈石窟成为中国石窟艺术史上第一次造像高峰时期的代表作。

公元 3 世纪石窟艺术传入中国，飞天也由印度经中亚传入中国，先至克孜尔，接着传到敦煌莫高窟，然后到中原各地。克孜尔石窟中的飞天在印度飞天的基础上加上了长长的飘带，有一种飘逸灵动的感觉，这是莫高窟飞天的雏形，敦煌莫高窟的飞天已被进行了改造。我国石窟中的飞天造型，从早期残留有西域特色，逐渐发展为更具中国传统

民间剪纸中的飞天形象

云冈石窟的飞天艺术

文化的色彩，到了云冈石窟时飞天造型更具有中国特色了。

（三）云冈石窟的飞天造型

云冈石窟造像规模宏大，内容丰富，其中飞天造型生动多样。这些飞天有的在奏乐散花；有的在曼舞飞翔；有的在持物供养，秀骨清像的飞天布满洞壁。现存于云冈石窟中的飞天大概有二千三百余身。她们主要存在于洞窟的窟顶、明窗、龛楣等位置，这些飞天给云冈石窟增添了一抹亮色，她们或飞升、或疾落、或环绕、或旋转、或飘浮、或轻舞，当鼓乐齐鸣、锦瑟响起时，她们载歌载舞，随手弹奏，使

洞窟中的飞天形象

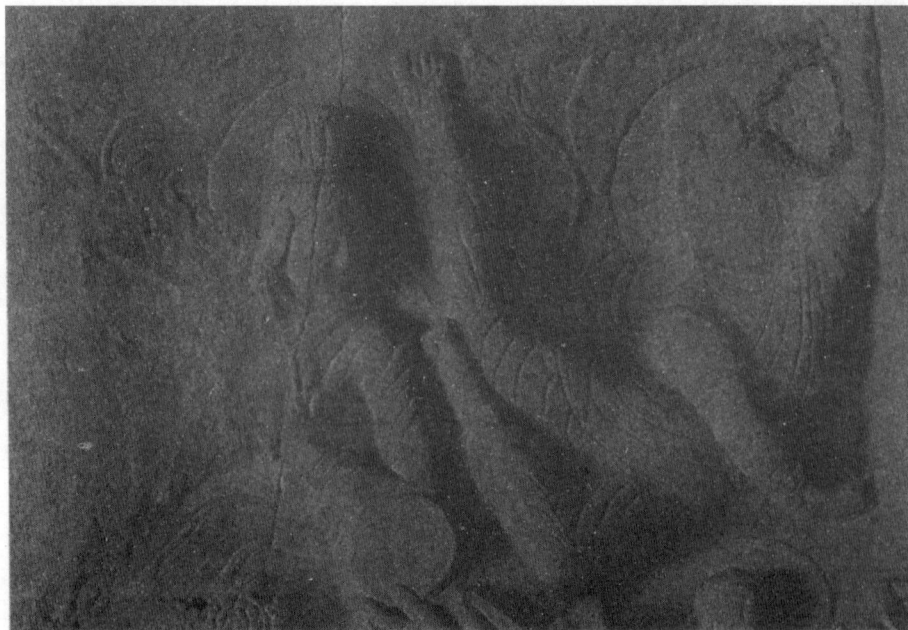

云冈石窟

第二十窟露天大佛背光外缘的四壁都有飞天

得佛国的天空更加辽阔、祥瑞和自由。云冈石窟的飞天造型可分为三个时期：

早期的"昙曜五窟"中的飞天，受外来艺术风格的影响比较多，展示了云冈石窟早期飞天造型的特点。第二十窟露天大佛背光外缘西壁的残飞天是云冈石窟最有代表性的飞天，也有人称之为"菩萨形飞天"。这身飞天，身材健硕、头戴日月三珠定冠、颈戴项圈、袒露着上身斜披璎珞、裸露双足、身段微屈、头部有圆形光圈、面容平和、眉宇细长，这是典型的印度犍陀罗艺术造像的风格。云冈石窟早期的飞天造型有很深的西域印记。

七窟南壁门拱上六个菩萨以莲花为中心，盘旋飞舞

465—494 年是云冈石窟开凿的第二时期，较之早期，在洞窟的形制、题材内容、造型风格和衣冠服饰等方面都有了很多变化，飞天的造型更加世俗化。如第九窟后室明窗顶部的飞天托莲花图，莲花雕刻细腻，花瓣层层相套，更加立体。莲花四周有八身飞天环绕，以莲花为中心，四周飞天造型形象生动。难得的是飞天的姿态、容貌都不相同，造型各异，有的屈腿半卧、有的直立、有的舒展，其中的四个飞天身材高大，体态健硕，面似男子，在这四个飞天之间穿插着四个身材娇小并束发的飞天，面容清秀，姿态轻柔，像是女子，她们有的双手轻托莲花，有的回首俯视，这些飞天的形象充分显示出了艺术家的高超技艺。

第三十四窟中的飞天是云冈晚期飞天造型的代表作。雕刻的线条粗犷豪放，形体被夸张的拉长，腰身更加纤细，一腿弯曲一腿伸直，不见足，上身穿小袄，下身着长裙，极富动感。这个时期的飞天去掉了圆形的头光，头顶高冠，长相上类似鲜卑族的姑娘，造型上较之前两个时期更加世俗化。一腿弯曲一腿舒展、不见足、无圆形头光等是晚期飞天造型的典型特点。

五　云冈石窟独特的审美价值

云冈石窟一景

佛教石窟艺术，自古印度以来，其造像的宗旨始终是以神而建，为神礼赞。所谓的佛教艺术，就是对佛祖、诸神的艺术刻画，表达人们对神的膜拜，把人的现有苦难和将来寄托于一个超现实的世界。作为魏晋南北朝时期突出的艺术成就——云冈石窟则开创性地打破了由异域之神独自垄断佛教石窟艺术的格局，它在僵硬的艺术造像中注入了人的生命意识，即将人的内在追求与外在否定联系起来，构成了"人的觉醒"的本质内涵。魏晋南北朝时期是一个战乱频发的时期，人们生活在水深火热之中，难免对此前的鬼神迷信和两汉时

佛教石窟艺术表达了人们对神的膜拜

期的经术、宿命论产生否定和怀疑，人的觉醒成为一个不可阻挡的趋势。云冈石窟所表现出来的"人的觉醒"具体体现在:

庄严独尊的帝王形象。最具代表性的就是昙曜五窟，这五窟是云冈石窟中开凿时间最早、规模最大、最具系统性的洞窟。这五尊"藏在山中惊天地"的巨大佛陀造像是昙曜奉旨修建的，不可

云冈石窟独特的审美价值

这些经历了上千年的文明还要流传下去

避免地承载了当时统治阶层的意旨，把对神的膜拜转化为对祖先的怀念。《魏书·释老志》中记载："诏有司为石像，令如帝身，既成，颜上足下，皆有黑石，冥同帝体上下黑子"，"兴光元年秋，敕有司于五级大寺内，为太祖以下五帝，铸释迦立像五""皇帝即佛，佛即人主"的造像理念成为云冈佛教石窟人神同格的最显著的思想基础。他们用人的思维代替神的思维，试图用人的力量来改变自己的命运和历史的发展，那么祖先自然就成为造像的原型。昙曜五窟的原型

依次是道武帝拓跋珪、明元帝拓跋嗣、太武
帝拓跋焘、景穆帝拓跋晃和文成帝拓跋濬。
云冈佛教石窟艺术这种以人格代替神格，以
祖先代替神仙的创作理念贯穿了拓跋鲜卑民
族文化发展的始终，一直延续和影响了龙门
石窟和中原其他的佛教石窟的艺术创造。

　　渺小的个体生命。云冈石窟中巨大的佛
像和小巧的佛像形成鲜明的对比，给人一种
强烈的视觉震撼。如果说巨大的佛陀造像是
统治阶级的象征，那么小巧的千佛造像就是
芸芸众生的代表。他们或雕于窟顶，或雕于
柱体，第十八窟的巨佛造像斜披的袈裟上镌
刻着众多的小千佛。庄严大像昭示着生命的

小千佛

云冈石窟独特的审美价值

云冈石窟佛像的内涵还有待我们发掘

精美的佛窟造像

高贵，那么千佛顶、千佛洞、千佛壁则是芸芸众生的纪念堂。个体生命存在的意义在这里被强调出来，构成了"人的觉醒"的新内涵。

　　云冈石窟已经摆脱了之前的唯神论的束缚，在这里压抑的个体生命得到了尊重，"人的觉醒"得到了淋漓尽致的体现。

云冈石窟

六　云冈石窟何以『延年益寿』

云冈石窟的保护工作十分繁重

（一）面临的问题

近年来，在污染和风化的不断侵蚀下，历经一千五百余年风雨的云冈石窟现状不容乐观。据调查发现，云冈石窟中风化损坏最严重的是东部、西部洞窟，石窟外壁的雕像和题记几乎被风化殆尽，其中第十六窟至第十九窟外壁上的千佛造像，现在已经无法辨认。许多石窟内的窟顶雕刻也呈板状脱落，个别窟顶岩石还有崩塌掉块的危险，很多砂岩表面轻轻一碰就会脱落。最令人惋惜的是云冈石窟最具特色的五华洞内的泥塑和壁画也受到了严重的损坏，洞内十八罗汉的泥塑发生崩塌，清代顺治年间绘制的壁画上出现起泡、空鼓等现象，而且日益严重。

专家认为，环境污染和自然风化是云冈石窟受损的两大因素。大同是一个产煤的城市，煤在运输过程中难免会对当地的空气和建筑物产生一定的污染，另外用煤取暖也会造成一定的污染。根据云冈石窟研究院的《工业粉尘对云冈石窟的影响》报告显示，工业粉尘、当地煤矿采煤和居民烧煤产生的二氧化硫气体，是造成石窟损毁的"元凶"。工业粉尘落到石雕表面，有的深入石雕表面缝

历经一千五百余年的风雨侵蚀，石雕风化剥落的现象十分严重

云冈石窟何以"延年益寿"

隙，很难去除；有的吸附了空气中的二氧化硫等气体和水蒸气，在金属离子的催化下，形成酸性环境，会对石雕造成一定的腐蚀；此外，粉尘中的盐和腐蚀生成的盐进入石雕表面孔隙，产生结晶压力，会导致石雕表面裂化。

与粉尘相比，由于水与岩石长期而缓慢的相互作用，造成云冈石窟的风化也很严重。而渗水是造成石窟风化的主要原因。据统计，云冈石窟现有的45个主要洞窟中，有渗水记录的就有21个。不管是污染还是风化，水都是造成云冈石窟被破坏的最根

云冈石窟风化现象严重

云冈石窟

保护石窟是一项长期的工程

本因素，云冈石窟研究院曾做过专门的实验，在二氧化硫浓度很高、湿度很低的环境下，石窟几乎没有受到破坏，只有在湿度高的情况下才会对石窟造成伤害。因此，防水工程是云冈石窟保护的重点，解决了水对石窟的破坏，再加上对环境污染的治理，就能极大地缓解石窟的破损。但是，治理石窟渗水是一个国际性的难题，保护石窟是一项长期的工程，不可能一劳永逸，也不是一代人能够

云冈石窟何以"延年益寿"

申报世界文化遗产更有利于保护云冈石窟

解决的问题，需要我们共同的努力。

（二）采取的措施

　　云冈石窟建成一千五百年来，经受了无数次的战火，大部分时间处于无人管理的状况，因而自然损坏与人为破坏严重。据不完全统计，被盗往海外的佛头、佛像竟达一千四百多个，斧凿遗痕，

战乱与人为破坏是造成石窟损坏的凶手

至今犹在。

"朱修圜圖，清修庙"，明代大同作为九边重镇之首，成为首都的北大门，先后修内五堡、外五堡、塞外五堡、云冈六堡。云冈堡于嘉靖三十七年（1558年）土建，因地形低洼，北面受敌，于万历二年（1574年）又建新堡于窟顶，因新堡缺水，复于二堡相联；东西修筑连墙二道，将石窟一分为三，肢解分割，支离破碎，在众多战争长期侵凌下，使石窟遭到破坏。此外，为防御蒙古，便于瞭望，每到深秋草木枯槁后都要点火烧荒，云冈堡作为大同镇七十二城堡之一，同样年年烧荒，致使

云冈石窟何以"延年益寿"

如今，云冈石窟受到我国各级政府的重视和保护

云冈千年古树全部毁掉，由昔日的"树木蓊郁"变成一片焦土，使云冈水土流失，风沙遍地。明末李自成率领的大顺军攻占大同，挥戈北上，留过天星张天琳镇守大同，张驻扎云冈，将云冈木构窟檐全部烧毁。

云冈石窟历经一千五百年来，保护与破坏并存，自然风化与人为毁坏同在。直到新中国成立后，石窟才真正走上科学研究、科学保护、科学管理的轨道，从而被列入世界文化遗产。1949年新中国成立后，云冈石窟受到中国各级政府的高度重视，

云冈石窟

得到有效的保护。1950年，中央文化部、国家文物局派裴文中同志率领雁北文物勘察团到山西西北部进行调查，发表了《雁北文物勘察报告》；1955年成立了云冈石窟的专门保护机构——大同市古迹保养所，后更名为云冈石窟文物保管所、云冈石窟文物研究所，专门负责云冈石窟保护、研究和管理工作；1960年国家文物局召开"云冈石窟保护会议"，至此，揭开了云冈石窟科学保护的序幕。

随后，北京古代建筑修整所会同北

为使奇迹延续，我们还需要做更多的努力

云冈石窟何以"延年益寿"

风化了的石雕像

京地质学院、中国科学院武汉分院化学研究所等有关单位的专家和工程技术人员共同合作，就云冈石窟的地质、水文地质、工程地质进行大规模的调查，并对云冈石窟的地形、气象及其他国内外有关石窟保护，防止岩石风化等相关资料进行了收集。经过初步的勘察与研究，全面了解了云冈地区的地质状况，找出岩石风化崩裂坍塌的原因，并提出了若干解决方案。1961年，国务院公布云冈石窟为全国重点文物保护单位；1965年，大同市政府公布实施了《云冈石窟保护范围与安全规划》，公布云冈石窟保护范围，包括重点保护区、安全保

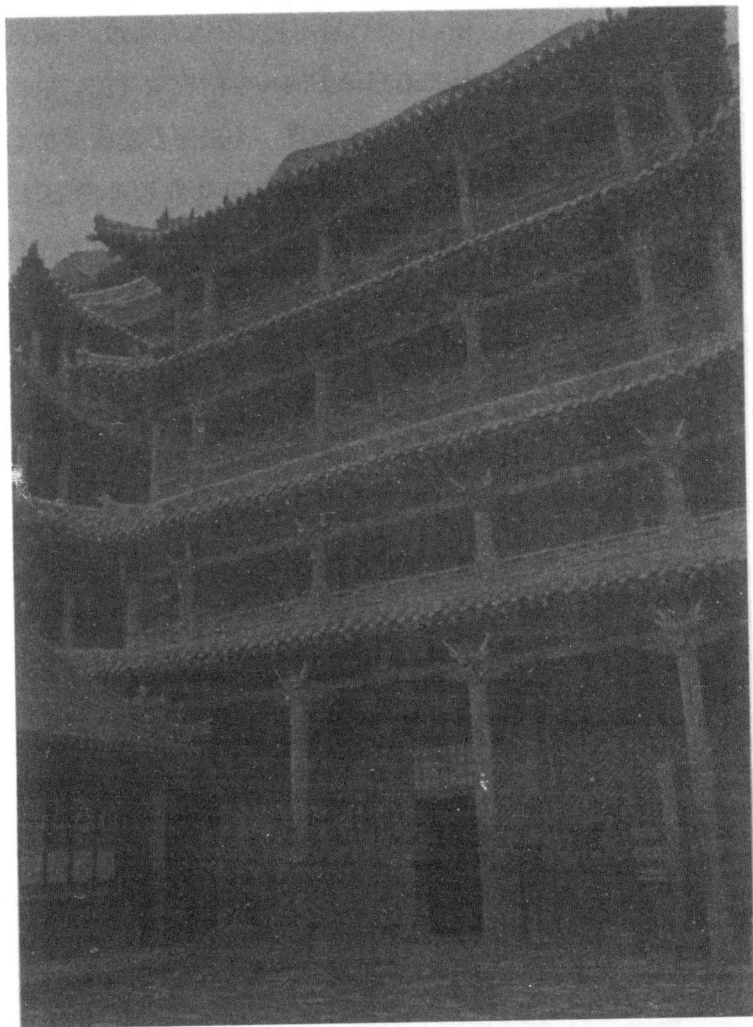

云冈石窟窟前木结构建筑称"十寺"，
又作"十名"

护区、地下安全线，形成上中下立体交叉与
远中近多层保护体系。

1973 年到 1976 年，在周恩来总理的指
示下，国家投入巨资完成了对云冈石窟的大
规模抢险加固工程，抢救了一大批洞窟。多
年来云冈石窟开展了大量的保护工作，建立
了石窟文物研究所，针对石窟坍塌、风化

的问题，不断进行着石窟保护的科学研究与实验，取得了一批科研成果，为云冈石窟的保护提供了科学依据。1990年开始进行"云冈石窟八·五保护维修工程"，针对造成石雕风化的两个主要原因即水和大气污染采取了防渗排水、改善环境、修建保护性窟檐等措施，先后完成了降低窟前地面，修筑排水渠道；修建第七、八窟木结构保护性窟檐；在石窟崖顶绝对保护区修建保护性围墙；局部石窟顶部防渗排水实验研究工程；洞窟保护维修加固等多项工程，取得良好的效果。1997年8月22日，大同市第十届人民代表大会常务委员会第

石窟崖顶保护工作十分关键

云冈石窟

三十一次会议通过《大同市云冈石窟保护管理条例》，此条例是全国大型石窟寺关于保护方面的第一个地方性法规。它的颁布实施，对云冈石窟的保护必将起到积极的作用。

此外，为了解决煤尘和废气对石窟造像的污染问题，国家实施了109国道云冈段的改线工程，将109国道云冈改线二十六公里，从而彻底解决了109国道段对云冈石窟的污染问题。同时，大同市人民政府投资一千八百万元，将原109国道云冈段辟为云冈旅游专线，并对专线两侧及视线所及范围内进行多次大规模绿化，极大地改善了云冈石窟的周边环境。

经过三年的加固，一大批频临坍塌的洞窟得到了保护

文化是城市的生命之根、风貌之基，是不可再生的稀缺资源。大同市政府深刻认识到了这一点，云冈周边环境综合整治已全面启动，这次综合治理以云冈石窟为核心，以云冈峪沿途景点为辅助，旨在精心打造核心景区、统筹建设沿途景点。工程总投资十七亿元，核心景观区域一百二十万平方米，辐射景观区域一百零四万平方米。进一步加大了对云冈石窟的管理和保护工作力度，投入巨资拆除了违

云冈石窟何以"延年益寿"

小心呵护云冈石窟这颗明珠，让它永放光芒

保护云冈就是保护自己的文化

章建筑，加强了绿化和环境整治。经过多年的绿化，如今的云冈石窟周边排列着整齐的树木，云冈峪一眼望去，也漫山遍野都是绿色，正所谓"绿树织就锦绣毯，银蛇绿带随风舞，飞天婆娑大佛笑，小河潺潺映倒柳"。

保护文化遗产是每个公民的责任。千古兴亡事，成败皆因人，如果我们能坚持走科学保护，精心研究，文明开发，永续利用的可持续发展之路，云冈石窟必将如一颗璀璨的明珠，散发出更加灿烂夺目的光彩。

云冈石窟